Jour

TO:

MW00936675

Journal

TO:

DATE:

Journal

TO: DATE:

Journal

TO:

DATE:

Journal

TO: DATE:

Journal

TO: DATE:

Journal

TO:

DATE:

Journal

TO: DATE:

Journal

TO: DATE:

Journal

TO: DATE:

Journal

TO: DATE:

Journal

TO: DATE:

Journal

TO: DATE:

Journal

TO: DATE:

Journal

TO:

DATE:

Journal

TO: DATE:

Journal

TO: DATE:

Journal

TO: DATE:

Journal

TO: DATE:

Journal

TO: DATE:

Journal

TO: DATE:

Journal

TO:

DATE:

Journal

TO: DATE:

Journal

TO: DATE:

Journal

TO: DATE:

Journal

TO: DATE:

Journal

TO: DATE:

Journal

TO: DATE:

Journal

TO: DATE:

Journal

TO: DATE:

Journal

TO: DATE:

Journal

TO:

DATE:

Journal

TO: DATE:

Journal

TO: DATE:

Journal

TO:

DATE:

Journal

TO: DATE:

Journal

TO:

DATE:

Journal

TO: DATE:

Journal

TO: DATE:

Journal

TO:

DATE:

Journal

TO: DATE:

Journal

TO: DATE:

Journal

TO: DATE:

Journal

TO: DATE:

Journal

TO: DATE:

Journal

TO: DATE:

Journal

TO: DATE:

Journal

TO: DATE:

Journal

TO:

DATE:

Journal

TO:

DATE:

Journal

TO: DATE:

Journal

TO: DATE:

Journal

TO: DATE:

Journal

TO:

DATE:

Journal

TO: DATE:

Journal

TO:

DATE:

Journal

TO: DATE:

Journal

TO:

DATE:

Journal

TO: DATE:

Journal

TO:

DATE:

Journal

TO: DATE:

Journal

TO: DATE:

Journal

TO: DATE:

Journal

TO: DATE:

Journal

TO: DATE:

Journal

TO: DATE:

Journal

TO: DATE:

Journal

TO: DATE:

Journal

TO: DATE:

Journal

TO: DATE:

Journal

TO: DATE:

Journal

TO:

DATE:

Journal

TO: DATE:

Journal

TO: DATE:

Journal

TO: DATE:

Journal

TO: DATE:

Journal

TO: DATE:

Journal

TO: DATE:

Journal

TO: DATE:

Journal

TO: DATE:

Journal

TO:

DATE:

Journal

TO: DATE:

Journal

TO:

DATE:

Journal

TO: DATE:

Journal

TO:

DATE:

Journal

TO: DATE:

Journal

TO: DATE:

Journal

TO:

DATE:

Journal

TO:

DATE:

Journal

TO:

DATE:

Journal

TO: DATE:

Journal

TO:

DATE:

Journal

TO:

DATE:

Journal

TO:

DATE:

Journal

TO: DATE:

Journal

TO:

DATE:

Journal

TO:

DATE:

Journal

TO: DATE:

Journal

TO: DATE:

Journal

TO:

DATE:

Made in the USA
Las Vegas, NV
21 November 2024

12273932R00059